Daniela Müller

Metropole, Weltstadt, Global City als neue Form der Urbanisierung mit konkreten Beispielen aus Industrienationen

GRIN Verlag

Bibliografische Information der Deutschen Nationalbibliothek:

Die Deutsche Bibliothek verzeichnet diese Publikation in der Deutschen National-
bibliografie; detaillierte bibliografische Daten sind im Internet über http://dnb.d-
nb.de/ abrufbar.

Impressum:

Copyright © 2008 GRIN Verlag, Open Publishing GmbH
Druck und Bindung: Books on Demand GmbH, Norderstedt Germany
ISBN: 978-3-640-85350-2

Dieses Buch bei GRIN:

http://www.grin.com/de/e-book/168301/metropole-weltstadt-global-city-als-neue-
form-der-urbanisierung-mit-konkreten

GRIN - Your knowledge has value

Der GRIN Verlag publiziert seit 1998 wissenschaftliche Arbeiten von Studenten, Hochschullehrern und anderen Akademikern als eBook und gedrucktes Buch. Die Verlagswebsite www.grin.com ist die ideale Plattform zur Veröffentlichung von Hausarbeiten, Abschlussarbeiten, wissenschaftlichen Aufsätzen, Dissertationen und Fachbüchern.

Besuchen Sie uns im Internet:

http://www.grin.com/

http://www.facebook.com/grincom

http://www.twitter.com/grin_com

Philipps-Universität Marburg

Institut für Geographie

US: Stadtgeographie Kurs D

Metropole, Weltstadt, Global City als neue Form der Urbanisierung mit konkreten Beispielen aus Industrienationen

Verfasst von:

Daniela Müller

Inhaltsverzeichnis

1 Einleitung

Heutzutage leben immer mehr Menschen in Städten. Mittlerweile leben sogar das erstmals mehr Menschen in der Stadt als auf dem Land. Aber was macht das Leben in einer Stadt so interessant? Die Vermutung, dass eine Stadt je mehr sie zu bieten hat auch umso mehr Zulauf gewinnt, ist naheliegend. Aber wie viele Menschen können in Städten leben? Es ist bekannt das es Städte gibt, in denen ein paar tausend Menschen wohnen und in anderen hingegen wohnen ein paar Millionen. Die eine Stadt wird dann als Metropole, die nächste als Weltstadt eine andere als Megastadt oder gar Global City bezeichnet. Aber wo genau liegt hier der Unterschied? Im folgenden wird versucht auf all diese Fragen eine Antwort zu finden.

2 Metropole

Der Begriff Metropole stammt von dem griechischen Begriff „mitropolis" ab, was so viel heißt wie Mutterstadt. Zwar ist die Herkunft des Wortes geklärt, jedoch ihre Definition nicht. Bis heute hat der Begriff „Metropole" keine eindeutige Definition. Er wird oft auch als Synonym für Begriffe wie Global City, Weltstadt, Millionenstadt oder Megastadt verwandt.

Die Differenz der Einwohnerzahl einer Metropole ist sehr unterschiedlich und liegt zwischen 1 und 10 Millionen. Bei einer Einwohnerzahl über 10 Millionen spricht man in der Regel dann von einer Megastadt.

Jedoch gibt es hier in der Bedeutung einige kleine Unterschiede. Eine Metropole bildet meist den wirtschaftlichen, politischen, historischen und kulturellen Mittelpunkt eines Landes, oder einer Region. Oftmals ist die Metropole eines Landes auch gleich ihre Hauptstadt, z.B. Paris, Berlin, London, Prag, Wien, Tokio, etc.

Wenn man nun einen genaueren Blick auf das Leben einer Metropole legt, wird man feststellen, dass es ein Orte voller Widersprüche ist. Geht man durch die Straßen einer Metropole wird man feststellen können, dass das Leben dort sehr einseitig aber auch vielfältig, chaotisch oder geordnet, hässlich oder schön, langsam oder schnell sein kann. Es ist möglich, in so einer Stadt vollkommen Anonym und unbekannt zu bleiben, andererseits besteht gerade hier die Möglichkeit, auch sehr berühmt zu werden. Ebenso kann man in einer Metropole den Unterschied zwischen Arm und Reich sehr gut vor Augen geführt bekommen, denn auch diese beiden Gegensätze sind in so einer Stadt vereint.

3 Weltstadt

Die Merkmale einer Weltstadt sind relativ klar und eindeutig zu erkennen. Als erstes kann eine Stadt nur als Weltstadt bezeichnet werden, wenn ihre Bevölkerungszahl die Grenze der 500.000 Einwohner überschritten hat.

Laut Heineberg ist eine Weltstadt an folgenden Merkmalen noch zu erkennen: In einer Weltstadt findet man den „Sitz bedeutender nationaler und internationaler Institutionen (z.B. Regierung, internationale Behörden)" vor. Sie kann aber auch als internationales Finanzzentrum (Banken, Börsen, Versicherungen) bekannt sein. Des Weitern findet man oft Publikations-, Kommunikations-, und Kulturzentren von Weltrang vor, wie z.B. Verlage, Telekommunikationszentren, Rundfunk-und Fernsehanstalten, Theater und Museen. In der Regel hat eine Weltstadt, einen weltweiten Bekanntheitsgrad, was nicht zu letzte an den nationalen und internationalen Verkehrsanbindungen (z.B. durch den Flughafen oder Hafen) liegt, aber auch an der politischen und ökonomischen Funktion der Stadt (vgl. Heineberg, 2000, S.25-26).

Genau wie eine Metropole besitzt eine Weltstadt eine wichtige Bedeutung für einen Großteil der Welt auf wirtschaftlichem, politischem oder kulturellen Gebiet. Weltstädte mit wirtschaftlichem Schwerpunkt sind besonders die globalen Finanzzentren. In den Industrienationen sind die führenden 3 Wirtschafts- bzw. Finanzzentren London, New York und Tokio. Ergänzend kommen noch Städte wie Frankfurt am Main, Paris, Zürich, Sydney, Chicago oder Toronto hinzu.

4   Megastadt

Abbildung 1: Megastädte in der Welt

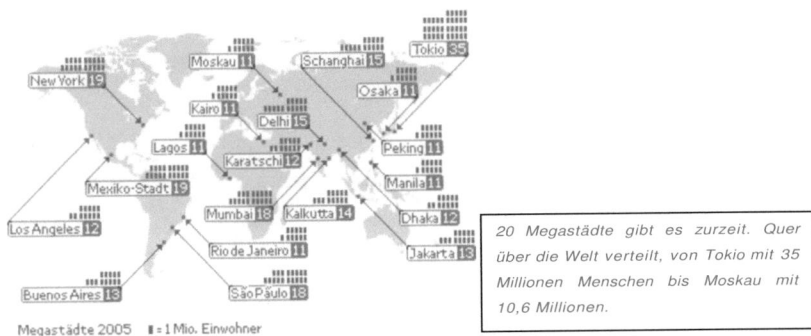

Megastädte 2005   ∎ = 1 Mio. Einwohner

> 20 Megastädte gibt es zurzeit. Quer
> über die Welt verteilt, von Tokio mit 35
> Millionen Menschen bis Moskau mit
> 10,6 Millionen.

(Quelle: Bundeszentrale für politische Bildung
<http://www.bpb.de/themen/TFUJPW,0,Megast%E4dte.html>Zugriff: 27.05.08)

Unter einer Megastadt versteht man eine Stadt, die mehr als zehn Millionen Einwohner hat.

Seit 2005 zählt die Welt 20 Megastädte, wobei fünf der Megastädte nur in Industrienationen liegen. Der Rest findet sich in Entwicklungsländern des asiatischen
und lateinamerikanischen Raums wieder.

„Der Begriff als solcher betont zweifelsohne die quantitative Dimension, und zwar
sowohl mit Blick auf die Bevölkerungszahlen als auch mit Bezug auf die räumliche
Ausdehnung der Stadt bis hin zur urbanen Agglomeration" (W. Schwenker, 2006,
S.10).

Die Megastadt ist ein Phänomen, das zum größten Teil in den Entwicklungs-und
Schwellenländern auftritt. Mittlerweile geraten einige dieser Megastädte ins
Blickfeld aufgrund ihrer wirtschaftlichen, ökologischen und sozialen Entwick-
lungsprobleme in den letzten Jahren.

Ein weiteres Merkmal der Megastadt ist ihre enge Bebauung.

Die Entwicklung einer Stadt zu einer Megastadt entstand erst mit und nach den Ereignissen der Industrialisierung. Dies geschah zu erst auch nur in Teilen Europas und Japans.

Um 1900 war unter den Top Ten der Megastädte keine einzige Stadt aus einem Entwicklungsland vertreten. London war durch den Bevölkerungsanstieg im 19. Jahrhundert von 1 Million auf 6,5 Millionen Einwohner zu Beginn des 20. Jahrhunderts die größte Stadt der Erde.

Nicht nur London wuchs zu diesem Zeitpunkt, auch Städte wie Paris und Chicago bekamen reichlich Zuwachs. In Paris versiebenfachte sich die Einwohnerzahl im gleichen Zeitraum in dem auch London sich vergrößerte (vgl. Zehner, 2001, S. 185).

„Das die Städte außerhalb Europas wuchsen lag nicht zuletzt an technologischen Innovationen wie Eisenbahn, Dampfschiff, Elektrizität und Telegraph" (vgl. Zehner, 2001, S.185).

Beachtlich ist die Tatsache, dass es 1940 weltweit nur 4 Städte mit mehr als 5 Millionen Einwohnern gab. Dies waren zu dem Zeitpunkt Tokio, New York, Paris und London. Im Verglich zu heute sind es 36 und man geht davon aus, dass es Mitte des 21. Jahrhunderts 400 sein könnten. Besonders stark ist eine Entwicklung der Megastädte in den Entwicklungsländern zu sehen.

5 Global City

Der Begriff Global City hat sich erst in den 1980er Jahren durchgesetzt. Geprägt wurde er allerdings von der Stadtsoziologin Saskia Sassen.

Als Global City gelten beispielsweise Städte wie London, New York oder Tokio. Aber was macht diese Städte zu einer Global City?

Laut Friedmann (1986) weisen sie u.a. folgende Merkmale auf:

Sie sind Zentrum des internationalen Finanzkapitals. Transnationale Unternehmen sitzen meist mit ihren Hauptquartieren in einer Global City. Sie sind ebenfalls Standort für einen schnell wachsenden Sektor unternehmensorientierter Dienstleistungen und Standort internationaler Institutionen, z.B. der Uno. Des Weiteren bilden sie u.a. Knotenpunkte für transnational operierende Konzerne, aber auch für den internationalen Verkehr. Im großen und ganzen sind Global Cities Standorte ökonomischer sowie politischer Macht-und Entscheidungszentralen von weltweiter Bedeutung.

Ein besonderes Kennzeichen der 3 Global Cities der obersten Hierarchiestufe ist der hohe Grad der gegenseitigen wirtschaftlichen Abhängigkeit. London, New York und Tokio sind miteinander mehr verflochten als mit Städten ihres eigenen Landes. Besonders im Bereich der Finanzmärkte, des Dienstleistungshandels und des Investmentbereiches.

Ein weiteres Merkmal, das in den letzten Jahren erst aufgetaucht ist, ist der immer größer werdende Unterschied zwischen den Reichen und Armen. Je höher der Rang einer Stadt in der globalen Städtehierarchie ist, desto stärker tritt dieses Problem auf. Dies entsteht oft durch den „skizzierten wirtschaftlichen Umbau der Städte", was die Position der benachteiligten Personen verschlechtert. Das ist z.B. an den in den letzten Jahren auftretenden Unruhen in London oder Paris gut zu erkennen. Ziel der Unruhen ist meist einfach nur auf die eigene soziale Problematik hinzuweisen.

Auffallend ist auch die extreme Suburbanisierung des Umlandes der Global City. „Zentralen Stadträumen, in denen sich Einrichtungen weltweiter Bedeutung konzentrieren, stehen Stadtteile mit überwiegend lokalen Funktionen gegenüber;..." (Zehner, 2001, S .195).

Mittlerweile ist es sogar so, dass sich die Global City in ihrer baulichen und funktionalen Struktur sehr ähnlich geworden sind. Nähern sie sich immer mehr an, besteht die Gefahr, dass sie ihre historische Identität verlieren (vgl. Zehner, 2001, S. 195).

6 Tokyo

Die Geschichte Tokyos ist sehr alt. Früher hieß Tokyo noch Edo. Der Name Edo stammte von einer Familie, die um das 12. Jahrhundert die Gegend um „Tokyo" kontrollierte.

1787 war Edo mit einer Bevölkerung von 1.368.000 Menschen eine der größten Städte der Welt.

Zu diesem Zeitpunkt war Edo noch mit einem Burgwall umgeben und die Menschen lebten in Schichten unterteilt zwischen den Wällen. Die ganz Reichen in der Mitte die Ärmeren außen.

1868 wurde dann unter Kaiser Mutsuhito, das moderne Tokyo geboren. Zu diesem Zeitpunkt erlebte die Stadt einen große Aufschwung. Niemand glaubte so recht, dass Tokyo sich so schnell erholen und wachsen würde, nach dem Erdbeben 1923 und nach dem 2. Weltkrieg 1945, wo große Teile der Stadt zerstört wurden.

Seit dem 19.Jahrhundert leben mehr als 1 Million Einwohner in Tokyo. Damit galt es zu dieser Zeit als zweitgrößte Stadt der Welt, neben London.

Ab 1940 ist die Metropolregion um ihre Fläche und ihre Einwohnerzahl stark gewachsen. Seit 1965 hat sich die Zahl der Bevölkerung aber wieder etwas verringert. Jedoch steigt momentan die Einwohnerzahl durch die Reurbanisierung langsam wieder an.

Heute bilden der Großraum Tokyos und seine anschließenden Gebiete wie Kangawa, Saitawa und Chiba das größte zusammenhängende urbane Gebiet der Erde mit 34,5 Millionen Einwohner.

Tokyo ist heute die Finanz-, Industrie-, Handels- und Kulturmetropole Japans. Am Ufer der Tokyobucht erstreckt sich das größte Industriegebiet des Landes. Hier dominiert besonders die Schwerindustrie.

„Tokyo erstreckt sich über ein Gebiet von ca. 2150 km^2".[1] Da es sich nicht mehr in der Breite ausdehnen darf, muss es nun, um sich zu vergrößern in die Höhe wachsen.[2] Mittlerweile stellen die riesigen Wolkenkratzer das bekannte Bild von Tokyo dar. Pläne, um die Stadt noch größer zu machen, sind z.B. das Abreißen von alten Wolkenkratzern und der Bau von neuen größeren Wolkenkratzern und die Erweiterung der Stadt durch Aufschüttung neues Landes an der Küste.

Neben den „normalen" Problemen der Stadt im Bereich der Industrie, des Handels usw. hat Tokyo ein Problem mit den Menschenmassen, die dort Leben, wohnen

---

[1] http://www.abipur.de/hausaufgaben/neu/detail/stat/225281569.html
[2] Vgl. http://www.abipur.de/hausaufgaben/neu/detail/stat/225281569.html

und arbeiten. Besonders zur Rushhour, wenn viele Menschen gleichzeitig nach Hause oder zur Arbeit wollen.

Ein weiteres Problem ist das „Auseinanderdriften Tokyos".[3] Durch den starken Bevölkerungszuwachs gehen viel Menschen nur noch zum arbeiten in die Geschäftsviertel, die früher einmal das Zentrum darstellten und so jegliche Beziehung zu de Stadtteil verloren hat.

Die Umweltbelastung spielt auch in Tokyo eine große Rolle. „Durch die stetig ansteigende Zahl der Kraftfahrzeuge nimmt die CO_2 Belastung zu, obwohl Katalysatoren mittlerweile Pflicht sind."[4]

Abbildung 2: Einwohnerzahlen Tokyos

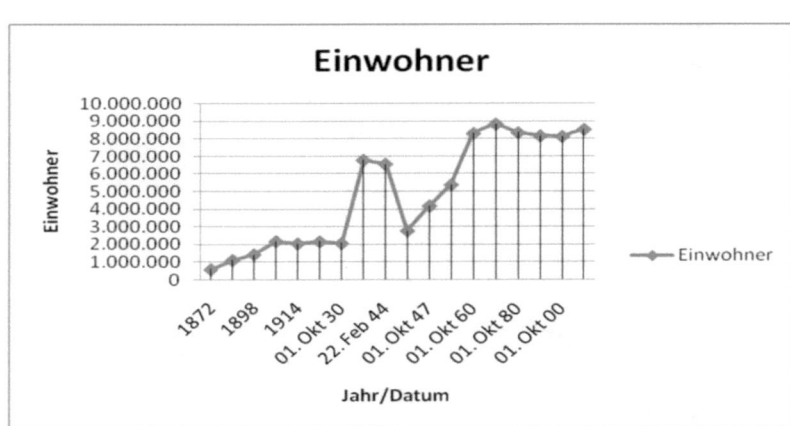

(Quelle: eigene Erstellung und http://de.wikipedia.org/wiki/Tokio)

7   New York

New York wurde 1626 als Handelsstation Neuamsterdam von Niederländern gegründet. Seinen heutigen Namen bekam New York mit der Eroberung der Stadt 1664 durch englische Kolonisten.

1783 und 1785 wurden große Teile New Yorks durch ein Feuer zerstört.

Von 1789 -1790 war New York der Sitz der Unionsregierung. Durch den Bau des Erienkanals 1825 der New York , den Großen See und Mittlere Westen verband

---

[3] http://www.abipur.de/hausaufgaben/neu/detail/stat/225281569.html

wurde New York zum größten Warenumschlagplatz an der amerikanischen Ost-küste. In der Hoffnung auf ein besseres Leben kamen in der zweiten Hälfte des 19. Jahrhunderts viele Einwohner nach New York unter ihnen Italiener, Deutsche und Iren. Durch den starken Zuwachs musste die Verwaltung geändert werden. 1898 wurden die Stadtteile Manhattan, Bronx, Brooklyn, Queens und Staten Island zu Greater New York zusammen geschlossen. Begünstigt durch diese Tatsache und den straken Einwandererstrom wurde New York zur führenden Industrie- und Verwaltungsmetropole des USA.

Seit dem 20.Jahrhundert hat sich die Einwohnerzahl New Yorks nahezu verdop-pelt. Diese Entwicklung machte New York zur größten Industriestadt und zur Fi-nanzmetropole, zu der nicht zuletzt die Börse, die größte der Welt, einen Teil bei-trägt.

Heute leben ca. 8,2 Millionen Menschen in New York was sie zu einer der größten Städte der Welt.

Abbildung 3: Einwohnerzahlen New Yorks

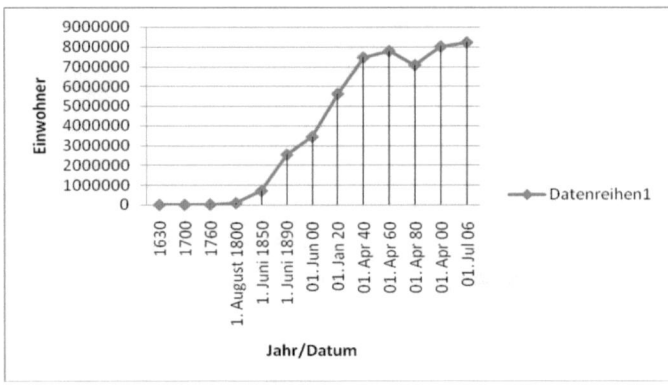

(Quelle: eigene Erstellung und http://de.wikipedia.org/wiki/New_York_City)

---

[4] http://www.abipur.de/hausaufgaben/neu/detail/stat/225281569.html

8   London

Im 19. Jahrhundert war London nicht nur die größte Stadt der Welt und die Hauptstadt des weltumspannenden British Empire, sondern auch die politisch und wirtschaftlich mächtigste Stadt der Welt.[5].

Zwar steigt sie Einwohnerzahl der Stadt seit jeher stetig, doch hat sich die Bevölkerungszahl auch zwischenzeitlich verringert, was z.b. an der großen Pest 1665 oder dem großen Brand 1666 lag. Nach dem großen Brand bei dem vieles zerstört wurde, zogen viele Menschen in Vororte von London.

Innerhalb der nächsten 100 Jahre stieg die Bevölkerungszahl von einer Million auf sechs Millionen an.

London hatte im Laufe der Jahre ein großes Problem mit der Umweltbelastung, was besonders auf den starken Bevölkerungszuwachs zurückzuführen ist.

Um 1850 wurden z.b. die Abwässer in die Themse abgepumpt. Da das Trinkwasser hauptsächlich aus der Themse entnommen wurde, entstanden dadurch Krankheiten wie Cholera.

1885 wurde dann mit dem Bau des Abwassersystems begonnen. Der Bau dieses Systems ermöglichte den Londonern wieder sauberes Wasser zu trinken, was e-benfalls dazu führte, dass der Anteil der Kranken und Toten sank.

„1889 wurde die County of London gegründet, ein Zusammenschluss Londons mit seinen inneren Vororten."[6]

1939 erreichte London sein Bevölkerungsmaximum mit 8,6 Millionen Einwohnern. Nach dem Krieg zogen viele Einwohner in die sogenannten „ New Towns". Somit sank die Einwohnerzahl Londons auf ca. 7 Millionen.

London hatte seit dem bis heute auch einige Probleme mit der Luftverschmutzung oder dem sogenannten Smog. So durften zum Beispiel Häuser nur noch jenseits des Green Belts (5-10 km breiter Grüngürtel) gebaut werden, um der Luftverschmutzung etwas vorzubeugen.

Insgesamt 75% der heutigen Bevölkerung Londons wurden auch in London geboren. Wenn man die Gesamtbevölkerung von Greater London mit seinen 12,6 Milli-

---

[5] (vgl.http://london-chips.tripod.com/Bevoelkerung.html)
[6] (http://london-chips.tripod.com/Bevoelkerung.html)

onen Einwohnern betrachtet, stellt man fest das London einer der größten Ballungsräume der Welt ist.

Abbildung 4: Einwohnerzahlen Londons

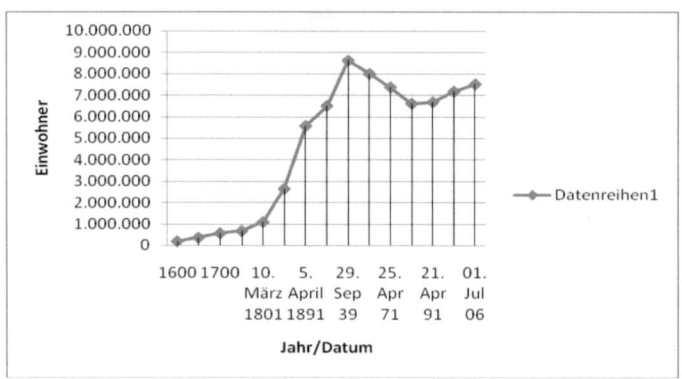

(Quelle: eigene Erstellung und http://de.wikipedia.org/wiki/London)

9 Fazit

Festzuhalten ist, dass es Unterschiede zwischen einer Metropole, Weltstadt, Megastadt und Global City gibt, die nicht nur allein an der Einwohnerzahl der Städte liegt. Die unterschiedlichen Stadttypen haben ihrer Merkmale, die sie zu dem machen was sie sind. Es ist klar geworden, dass man eine Megastadt nicht als eine Global City bezeichnen kann, da es nicht das Gleiche ist.

Jeder dieser Stadttypen hat seine Probleme und Vorzüge. Eins haben sie jedoch alle gemeinsam. Sie wachsen stetig und geben einer groß Zahl von Menschen eine Heimat und einen Arbeitsplatz.

10   Literaturverzeichnis

Abipur. (2007). *Abipur.* Abgerufen am 27. Mai 2008 von http://www.abipur.de/hausaufgaben/neu/detail/stat/225281569.html

Gerlinger, J. (2002). *Die globale, nationale und regionale Bedeutung der Londoner City.* Abgerufen am 27. Mai 2008 von http://www.joejoe.de/geo/London%20City.pdf

Heineberg, H. (2001). *Grundriß Allgemeine Geographie: Stadtgeographie.* Paderborn: Ferdinand Schöningh.

Leser, E. E. (2002). *Geographie heute - für die Welt von morgen.* Gotha: Klett-Perthes.

NYC.gov. (2008). Abgerufen am 26. Mai 2008 von http://www.nyc.gov/portal/site/nycgov/?front_door=true

Peter Feldbauer, E. P. (2/1993). *Megastädte.* Wien, Köln, Weimar: Böhlau Verlag.

Schneider-Sliwa, R. (2002). *Städte im Umbruch.* Berlin: Dietrich Reimer Verlag GmbH.

Schwentker, W. (2006). *Megastädte im 20. Jahrhundert.* Göttingen: Vandenhoeck & Ruprecht.

Zehner, K. (2001). *Stadtgeographie.* Gotha: Klett-Perthes.

Zürich, I. f.-R.-u. (15. Juli 2002). *Megastadt.* Abgerufen am 2008. Mai 25 von http://e-collection.ethbib.ethz.ch/eserv/eth:25843/eth-25843-01.pdf